# Des jours beaucoup plus sombres

Andrew Lang

Writat

Cette édition parue en 2024

ISBN : 9789359947907

Publié par
Writat
email : info@writat.com

# Contenu


PRÉFACE ....................................................................- 1 -

CHAPITRE I. La Malédiction (Enregistré). .........................- 2 -

CHAPITRE II. Le coup dur d'un méchant. ...........................- 6 -

CHAPITRE III. Mes Gages! Mes Gages! ...........................- 10 -

CHAPITRE IV. En tant que chapelier ! ...........................- 12 -

CHAPITRE V. Le marié blanc. ...................................- 15 -

CHAPITRE VI. Dur comme fer. ...................................- 18 -

CHAPITRE VII. Sauvez et prenez votre retraite ! ..............- 23 -

CHAPITRE VIII. Couleur locale. ................................- 29 -

CHAPITRE IX. Enregistré! Enregistré! .........................- 33 -

CHAPITRE X. Pas trop fou, mais juste assez fou. ..............- 35 -

CHAPITRE XI. Une terrible tentation. ..........................- 38 -

CHAPITRE XII. Juge Juggins. ...................................- 41 -

CHAPITRE XIII. Éclairci. (Extrait de la « Gazette du parc vert ».) ...................................................................- 45 -

# PRÉFACE

La conviction que la fiction de Noël moderne a un ton trop joyeux, une construction trop artistique et un motif trop original a inspiré l'auteur de ce conte sur la vie de la classe moyenne. Il espère avoir au moins échappé aux erreurs qu'il déplore et avoir donné l'exemple d'un style narratif plus saisonnier et plus sensationnel.

# CHAPITRE I.
## La Malédiction (Enregistré).

QUAND on lira cette histoire de ma vie, ou certaines parties de celle-ci qui ne sont pas jugées totalement impropres à la publication (et, sans aucun doute, un public qui a dévoré "Scrawled Black" supportera presque tout), on découvrira que je J'ai parfois agi sans grande prudence — que je me suis, en fait, vautré dans le crime. Stillicide et Mayhem I (anciens crimes rares !) sont un jeu d'enfant pour *moi* , qui ai été un « accessoire après coup ! En guise d'excuse, je ne peux qu'invoquer deux choses : l'excellence de l'occasion de le faire et la faiblesse de la résistance offerte par ma victime.

Si vous ne pouvez pas vous le permettre, jetez le livre par la fenêtre du wagon ! Vous avez payé votre argent, et le verdict de votre pâle moralité ou de votre sens absurde de l'art dans la fiction je suis donc absolument indifférent. Tu es trop angélique pour moi ; Je suis trop diabolique pour toi. Acceptons de différer. Je ne parle pas de mon enfance. Il y a vingt-cinq ans, c'était un pauvre garçon, mais peu importe. *J'étais* ce garçon ! Je me précipite vers la période d'essor de la virilité, « quand la force, le courage, l'intellect sont ou devraient être à leur apogée », ou *sont* ou devraient être à *leur* apogée, s'il *faut* avoir de la grammaire dans un annuel de Noël. *Mon* nerf était à son comble : j'avais trente ans.

Pourtant, qu'étais-je alors ? Un misérable mortel frappé par la lune, dûment autorisé à écrire MD (du Tarrytown College, Alaska) après mon nom — car le titre de Docteur est utile dans la profession — mais sans autre source de plaisir ou de récréation émotionnelle dans un monde froid et décontracté. Souvent et souvent j'ai écrit MD après mon nom, jusqu'à ce que le plaisir éclatant s'estompe, et je me suis effondré en me demandant : « La vie n'a-t-elle donc rien de plus à offrir que cela ?

Soyez indulgents avec moi si j'écris ainsi pendant tant de pages ; supportez-moi, c'est une écriture si facile, et c'est seulement ainsi que je puis espérer vous faire comprendre ma conduite ultérieure et un peu particulière.

Comme elle était rare, la beauté de la femme que j'ai perdue — de celle dont la perte m'a ramené à la condition que j'essaie de décrire !

Comme sa riche beauté était étrange ! Elle était à la fois brune et blonde : *la blonde et la brune !* Quelle différence avec les Filles tachetées et les Rossignols à deux têtes que j'ai souvent vu exposer, et tirer de l'argent aussi, comme types d'imperfections physiques ! Le sang chaud du Sud brillait sombrement sur l'une des joues de Philippa — la gauche ; la pâle grâce teutonique souriait chez l'autre, la droite. Sa mère était une Anglaise blonde et blonde, mais c'est Old Calabar qui a donné à sa fille ces boucles de laine de zibeline, contrastant si délicieusement avec ses tresses soyeuses et dorées. Sa mère anglaise a peut-être prêté à Philippa de nombreuses grâces exquises, mais c'est de son père, un nègre de sang pur, qu'elle a hérité de son profil classique.

Philippa, en fait, était un arrangement naturel en noir et blanc. Vue d'un côté, elle apparaissait comme la Vénus de la Côte d'Or, de l'autre elle éclipsait l'Aphrodite hellénique. À tous points de vue, elle constituait un ajout extraordinairement attrayant à l'exposition et à la ménagerie que je dirigeais à cette époque dans les comtés de Midland.

Son père, dont je n'ai jamais jugé nécessaire de connaître la nature de la profession, était cuisinier de mer à bord d'un paquebot péninsulaire et oriental. Sa profession l'empêchait donc d'être résident permanent dans ce pays, voire dans tout autre pays.

Notre première rencontre s'est déroulée de la manière la plus prosaïque. Sa mère m'a consulté professionnellement sur les perspectives d'avenir de Philippa. Nous ne sommes pas parvenus à un accord à ce moment-là. Je pensais pouvoir conclure un arrangement plus avantageux si *le cœur de Philippa* était touché, si elle était à moi. Mais elle ne m'aimait pas. De plus, elle était ambitieuse ; elle savait, sans que cela lui soit reproché, à quel point elle était unique.

« Le fait est, observait-elle lorsque j'enfilais mon costume, le fait est que j'ai l'air plus haut qu'un simple showman, même s'il peut écrire MD après son nom. Philippa a rapidement quitté le circuit « pour s'améliorer ».

Peu de temps après , un télégramme d'elle m'apprit qu'elle était orpheline. J'ai pris l'avion jusqu'à l'endroit où elle logeait, dans une rue calme et respectable, près de Ratcliff Highway. Elle a exprimé son intention de rester ici pendant un certain temps.

« Mais seule, Philippa ?

(Elle n'avait que trente-huit ans).

"Pas tellement seule que vous le pensez," répondit-elle d'un ton malicieux.

Cela aurait dû me prévenir, mais encore une fois, j'ai insisté avec passion pour plaider ma cause. J'ai offert des incitations des plus attractives. Une ligne à elle dans les factures ! Tout trouvé !

« Basil, observa-t-elle en rougissant de son air partial habituel, tu es un jour après la foire.

« Mais il existe de nombreuses foires, m'écriai-je, auxquelles nous assistons toutes régulièrement. Que peux-tu dire ? Il y en a un autre...

« Hehev », dit Philippa, modestement mais décidément.

'Tu es fiancé?' Elle leva sa jolie main et me montrait un cercle de noces en or, lorsque la porte s'ouvrit et qu'un homme d'une quarantaine d'étés entra, d'une beauté saisissante.

Il y avait quelque chose d'écrit sur son visage (une sombre contusion, en fait, sous l'œil gauche) qui me disait qu'il ne pouvait pas être un gentleman chrétien pur et noble.

"Basil South, MD", a déclaré Philippa en nous présentant. 'M. Baby Farmer' (évidemment un nom affectueux), et encore une fois une rougeur rose se glissa autour de son cou de la manière partielle habituelle, ce qui faisait l'un de ses charmes les plus particuliers.

Je m'inclinai machinalement et, au milieu de quelques remarques échevelées sur le temps, je quittai la maison en étant le showman le plus déçu d'Angleterre.

« Curr, sournois, lâche, méchant ! J'ai sifflé quand je me suis senti sûr d'être hors d'état d'entendre. « Adieu, adieu, Philippa !

Pour noyer les souvenirs et les regrets, je suis resté en ville, m'efforçant, dans un cours de ce que les moralistes appellent « la gaieté », d'oublier ce que j'avais perdu.

Combien essaient la même prescription, et semblent plutôt l'apprécier ! J'ai souvent rencontré mes collègues patients.

Un jour, sur les marches de l'Aquarium, j'ai aperçu l'homme que je soupçonnais de ne pas être le mari de Philippa.

« Qui est cette crique ? » J'ai demandé.

« Lui avec le gardénia ? » répondit un ami, idiomatiquement. "C'est Sir Runan Errand, le showman amateur, celui qui dirige la Sirène vivante, le chaînon manquant, et Koot Hoomi , le Mahatma de la Montagne."

« Quel genre d'homme est-il ?

« C'est à peu près le genre d'homme habituel que l'on voit généralement ici. À peu près aussi chauds qu'ils les préparent. Fou d'avoir son propre spectacle ; fou de veaux à deux têtes.

'Est-il marié?'

« Si chaque dame qui se fait appeler Lady Errand avait un titre légal pour le faire, le « Baronetage » devrait être étendu à plusieurs volumes supplémentaires.

Et c'était le mari de Philippa !

Qu'était-elle parmi tant d'autres ?

Mon instinct était d'exiger une explication du baronnet, mais pour des raisons qui n'étaient pas totalement étrangères à ma taille et à mon poids de combat, je me suis abstenu.

J'ai fait mieux. Je suis allé à mon hôtel, j'ai demandé le livret de l'hôtel et j'ai prêté serment, qui constitue donc un droit d'auteur. J'ai juré que dans vingt-cinq ans j'en serais à égalité avec celui que je détestais. J'ai prié, de manière plutôt incohérente, pour que l'honneur et le bonheur soient le lot de celle que j'avais perdu. Après cela, je me suis senti mieux.

# CHAPITRE II.
## Le coup dur d'un méchant.

PHILIPPA appartenait à un autre ! La vie ne valait plus la peine d'être vécue. L'espoir a été évalué; l'ambition était émoussée. L'intérêt que j'avais jusqu'alors porté à mon métier s'évanouit. Tout le printemps, mes deux Bounding Brothers de la côte de la Gutta Percha ont semblé perdre leur élasticité. Pendant des mois, j'ai fait mon travail de manière superficielle. J'ai ajouté à mon exposition un homme tatoué et un serpent à deux têtes, également un Botocudo aux yeux blancs, qui jouait de la guitare, et deux jumeaux siamois, qui ont été tirés avec un canon à double canon , puis j'ai fait le noble entreprise de trapèze. Ils ont tiré au sort, mais le succès ne m'a fait aucun plaisir. Tant que je gagnais assez d'argent pour subvenir à mes besoins quotidiens (et que le whisky était bon marché), qu'est-ce que j'en avais ? Mon humeur n'était pas des plus douces. Mes amis se sont éloignés de moi ; oui, ils tombaient comme des épingles à neuf chaque fois que je pouvais les atteindre. J'étais seul au monde.

Vous ne serez pas surpris de l'entendre ; les malheureux n'ont pas d'amis. Les choses ont donc duré un an. Je suis devenu pire au lieu de meilleur. Ma tristesse s'accentuait, mon foie se confirmait de plus en plus dans son inaction morbide. Ce ne sont pas des rhapsodies amoureuses, elles montrent simplement l'état de mon corps et de mon esprit, et expliquent ce que les puristes peuvent condamner. Dans cet état, j'ai appris sans regret hypocrite qu'un parent éloigné (un oncle perdu depuis longtemps) m'avait commodément laissé sa vaste propriété. Je m'en souciais uniquement parce que cela me permettait de me retirer de la profession. J'ai disposé de mon exposition, ou plutôt je l'ai laissée partir pour une chanson. J'ai simplement remis l'Homme tatoué, les Jumeaux d'Artillerie et le Serpent à deux têtes au premier venu, qui se trouvait être un doyen rural. Loin au fond de la campagne, près de la petite ville de Roding, sur une route isolée où personne ne venait jamais, j'ai pris une pique. Ici, j'habitais comme un ermite, refusant de rendre la monnaie aux rares passants dans des charrettes et des cabriolets, et accompagné d'un homme bricoleur, William Evans, impassible comme le Sphynx, quel mot, pour des raisons qui peuvent ou non apparaître plus tard dans ce récit, je préfère l'épeler avec un *y* , contrairement aux meilleures autorités et à la coutume habituelle.

C'était le milieu de l'hiver et minuit. Ma chambre était plongée dans l'obscurité. De fortes chutes de neige tombaient. Je me dirigeai vers la fenêtre et aplatis mon nez contre la vitre.

« Qu'est-ce qui, me suis-je demandé, ressemble le plus à un chat qui regarde par la fenêtre ?

"Un chat qui regarde par la fenêtre", répondit une voix argentée venant de l'obscurité.

Aplati contre la même vitre se trouvait un autre nez, celui d'une femme . C'était le bel orgue d'architecture mixte appartenant à Philippa ! Avec un petit cri d'étonnement, je brisai la vitre : ce n'était pas une vision vaine, ce n'était pas un cas d'« horreurs » ; le nez froid et froid de ma Philippa rencontra le mien. La glace était maintenant brisée ; elle entra dans ma chambre, plus belle que jamais dans son étrange beauté surnaturelle et son nouveau manteau en peau de phoque. Puis elle s'assit avec une grâce insouciante, inclinant sa chaise en arrière et posant ses pieds sur la cheminée.

« Chère Philippa, m'exclamai-je poliment, comment va votre mari ?

'Mari! Je n'en ai pas, siffla-t-elle. « Dis-moi, Basil, as-tu déjà détesté un type sans fin ? »

«Oui», répondis-je vraiment; car, comme M. Carlyle, je détestais la plupart des gens, et par-dessus tout celui qui m'avait volé Philippa.

« Savez-vous ce qu'il a fait, Basil ? *Il a insisté pour avoir une clé !* Avez-vous déjà détesté un homme ?

J'ai jeté mes bras. Mon cœur était plein d'amertume.

« Il a fait plus ! Il a refusé de payer mon dernier trimestre de salaire. Basil, tu n'as jamais détesté un homme ?

Mon cerveau était sous le choc de ces outrages répétés.

« Et où habites-tu à présent, Philippa ? J'espère que vous êtes plutôt à l'aise ? M'enquis-je avec inquiétude.

Philippa a poursuivi : « Mon mari, tel qu'il était, m'a licenciée. J'étais sur le point d'avoir un bébé. Je l'ai ennuyé. J'étais sur le chemin — sur le chemin de la famille. Basil, as-tu déjà détesté un gars ? Sinon, lisez cette lettre.

Elle m'a jeté une lettre. Elle le jeta avec toute sa vieille dextérité gracieuse. Il était daté de Monte-Carlo et disait :

« Comme nous ne semblons pas vraiment nous entendre, je pense que je ferais aussi bien de terminer cette affaire de notre mariage. Le moyen le plus court de faire comprendre les choses à votre intelligence très limitée est de vous assurer que vous n'êtes pas du tout ma femme. Avant de t'épouser , j'étais le mari de Live Mermaid. Elle est décédée depuis, et j'aurais pu vous épouser encore et encore ; mais je n'étais pas aussi entiché. Je vais passer par là et régler cette petite affaire mercredi. Comme vous êtes à cinq milles de la gare, comme le temps est parfaitement affreux, comme d'ailleurs je suis un baronnet luxueux et indulgent et que cette histoire n'aurait jamais de suite si je ne marchais pas, ne m'envoyez pas me rencontrer. Je préfère *marcher* .

Voici une jolie lettre d'un mari aimant. « Mais, ah ! fier noble, murmurai-je à mon cœur, toi et moi nous nous reverrons demain.

« Et où demeures-tu, Philippa ? Répétai-je pour amener la conversation sur un cours plus agréable.

«Avec une Mme Thompson», répondit-elle; 'une dame liée à Sir Runan.'

« Très bien, laissez-moi vous appeler demain pour récupérer vos affaires. Je peux me faire passer pour ton frère, tu sais.

— Mon demi-frère, dit Philippa en rougissant, du côté maternel.

La courageuse fille a pensé à *tout* . Enfant de parents blancs, j'aurais vainement prétendu être le propre frère de Philippa. Ils ne m'auraient pas cru si je l'avais juré.

« Ne pensez-vous pas, poursuivit Philippa alors qu'une pensée soudaine lui vint à l'esprit, que comme il est presque minuit et qu'il neige abondamment, il serait plus approprié pour moi de retourner chez Mme Thompson ?

Personne ne pouvait le contester.

Nous marchâmes ensemble jusqu'à la maison de cette dame et, à ma suggestion, Philippa chercha son canapé. Je me suis assis et j'ai attendu l'arrivée de Mme Thompson. Elle est bientôt apparue.

Une femme d'environ trente-cinq ans, au visage aquilin, avec une longue barbe sombre et soyeuse qui descend jusqu'à la taille. Quels qu'aient pu être pour moi les charmes de cette femme lorsque j'exerçais encore le métier, elle ne pouvait plus se vanter aujourd'hui de bien peu de choses. Sans aucun doute, elle avait participé à l'émission de Sir Runan et était l'une de ses victimes.

Je m'excusai du retard de ma visite et me mis immédiatement en voyage d'affaires.

Mme Thompson a fait remarquer que « la santé de ma sœur n'était pas celle qu'elle aurait dû être », ce qui n'était pas tout à fait ce qu'elle pouvait souhaiter.

« Je ne veux pas vous alarmer ; sans doute, toi, son frère, tu y es *habitué* ; mais, pour une fille aussi folle qu'un chapelier, eh bien, je vais vous déranger !

« Je peux moi-même écrire MD après mon nom », répondis-je, « et vous êtes apparenté, je pense, à Sir Runan Errand ?

«Nous sommes des liens», dit-elle, sans comprendre mon sarcasme. « Sa conduite m'étonne rarement. Cependant, quand j'ai découvert que cette dame, votre sœur, était sa femme, je l'avoue, pour une fois, j'ai *été* surpris.

Sentant que cette femme avait raison, avec ses sarcasmes calmes, polis et nobles, je retournai vers le brochet, plein d'espoir d'une douce vengeance.

Cependant, comme je n'avais jamais parlé à un baronnet auparavant, je ne pouvais m'empêcher de craindre que son air élevé et de rang supérieur ne me rebute lorsque nous nous reverrons demain.

# CHAPITRE III.
## Mes Gages! Mes Gages!

Le lendemain matin arriva, froid et gris, et me rappela que j'avais deux devoirs. Je devais attendre à la maison que Philippa vienne de chez Mme Thompson, et je devais aussi traîner sur la route depuis la gare et défier Sir Runan dans un combat mortel. Les devoirs peuvent-ils entrer en conflit ? Ils peuvent. Ils l'ont fait ! Les heures s'écoulaient lentement, tandis que je lisais la lettre de Sir Runan, la lisais et la relisais, enregistrais et réenregistrais (un joli terme de ma propre invention) ce vœu de vengeance.

Les « affaires » de Philippa – ses cartons avec tous ses biens – sont arrivées à temps.

Philippa ne l'a pas fait.

J'ai passé une journée distraite, tantôt bondissant à mi-chemin vers la gare pour rencontrer Sir Runan, tantôt revenant à toute vitesse pour accueillir Philippa au brochet.

Comme je ne savais pas par quel train Sir Runan arriverait à Roding, ni quand on pourrait chercher Philippa, j'obtins ainsi assez d'exercice pour rattraper des mois d'inaction.

Finalement, le dernier train arrivait.

Il faisait maintenant nuit noire et il neigeait abondamment, le moment même que Philippa choisissait généralement pour une promenade tranquille le soir.

Je me précipitai à mi-chemin de Roding, changeai d'avis, repartis et arrivai au brochet.

« Est-ce qu'une dame m'a appelé ? J'ai demandé au Sphynx.

« Maintenant, est-ce probable, monsieur ? répondit mon camarade avec un humour grossier .

« Eh bien, il faut que j'aille à sa rencontre », m'écriai-je, et, arrachant à la hâte une lanterne en forme de bœuf et un hochet de policier au Sphynx, je m'enfonçai dans l'obscurité.

d'abord chez Mme Thompson, où j'appris que Philippa venait de sortir se promener après un déjeuner un peu prolongé. C'était comme Philippa. Je reconnus cette pudeur rétrécie qui lui faisait toujours préférer voiler ses charmes en se promenant après la nuit.

En me détournant de chez Mme Thompson, j'ai senti la neige plus brusquement sur mon visage. Furieusement, aveuglément, follement, il tournait ici et dérivait là.

Dois-je opter pour Sir Runan ? Dois-je attendre là où j'étais ? Dois-je siffler pour appeler un taxi ? Dois-je retourner au brochet ?

Soudain, de la neige jaillit un éclat de rire argenté. Philippa valsait gracieusement dans un long ulster blanchi par la neige.

Je l'ai détectée uniquement grâce à ma lanterne sombre.

Je me suis précipité sur elle, je l'ai saisie. J'ai dit : "Philippa, reviens avec moi !"

« Non, tout le plaisir est devant », cria Philippa. « Mon quart de salaire ! Oh, mon salaire du dernier trimestre !

Avec ces mots sauvages, comme des balles de mitrailleuse Gatling qui résonnaient dans mes oreilles, j'ai saisi la main de Philippa.

Quelque chose est tombé et aurait vibré sur la route difficile sans la neige.

Je me suis penché pour ramasser cet objet brillant, et avec un autre cri sauvage : « Mon quart de salaire ! Philippa valsa de nouveau dans l'obscurité.

Fatigué du caractère un peu épuisant et inhabituel des prestations de la journée, et hors entraînement comme je l'étais, je ne pouvais pas la suivre.

Machinalement, je tâtonnais toujours au sol et ramassais un petit objet glacial.

C'était une clé de verrouillage ! Je l'ai mis dans ma poche avec mes autres clés.

Puis une pensée m'est venue et je l'ai jetée par-dessus la haie, pour servir de preuve circonstancielle. Ensuite, je me retournai et remontai la route, en lançant mon hochet et en faisant clignoter ma lanterne en forme de bœuf de tous côtés, comme M. Pickwick lorsqu'il alarma le scientifique.

Soudain, avec un cri d'horreur, je m'arrêtai net. À mes pieds, dans le petit cercle de lumière concentrée projeté par la lanterne, gisait une masse cylindrique blanche écrasée.

Cette masse que j'avais déjà vue par temps chaud d'été — cette masse, autrefois un chapeau blanc, avait orné les sourcils de ce presse-purée !

C'était le haut de gamme de Sir Runan !

# CHAPITRE IV.
## En tant que chapelier !

OUI, le chapeau blanc, posé là tout battu et écrasé sur la neige blanche, doit être le chapeau de Sir Runan ! Qui d'autre que l'aristocrate tigre qui dédaignait le simple quatre-roues et préférait parcourir cinq miles à pied jusqu'à sa victime en cette nuit d'effroi - qui d'autre porterait le gai gossamer de juillet en décembre orageux ?

Dans ce chapeau, grâce sans doute à sa grâce aérienne *et insouciante* , il avait conquis Philippa ; avec ce chapeau, il l'aurait barbue, l'aurait défiée et l'aurait rejetée ! La cruauté de l'homme ! Le tas froissé plus gros et plus volumineux qui gisait sur la route un peu au-delà du chapeau, ce tas aux contours déjà brouillés par la neige, ce tas devait être le baronnet lui-même !

Oh, mais c'était une vengeance, une vengeance rapide et mortelle !

Mais comment, mais comment l'avait-elle fait ? *Elle* , déjà mon cœur *lui murmurait !*

Mon incomparable Philippa était-elle donc une meurtrière ?

Oh, ne le dis pas ; appelez la sienne (vous le feriez ainsi si elle avait été une criminelle irlandaise) « la justice sauvage de la vengeance », ou l'exécution rapide du créancier indigné.

Tué par Philippa !

Oui, et pourquoi ? La réponse n'était que trop évidente. Elle dut être sortie à sa rencontre et lui arracher, par tous les moyens, le quart d'appointement que ce salaud n'avait pas payé. Puis ma pensée se tourna vers la clé de la porte, cause de cette haine familiale féroce qui brûlait entre Philippa et son traître. Cette clef qu'elle lui avait arrachée, elle était tombée de sa main, et je... je l'avais lancée dans le vide !

Submergé d'émotion, je titubai en direction du brochet. Tout au long du chemin, dans la neige aveuglante et tourbillonnante, j'ai tracé les empreintes non effacées d'un petit pied de fée.

C'était un triste réconfort ! Philippa était partie avant moi ; les empreintes de son petit pied étaient les siennes. Elle a donc dû sauter jusqu'au bout ! Un tel mode de progression pourrait-il être cohérent avec un sentiment de culpabilité ? Le remords pourrait-il marcher si gaiement ?

Mon homme William, le Sphynx, m'a ouvert la porte. En prenant un air naturel, j'observai :—

« Miss Sud est à la maison ?

'Oui Monsieur. Entrez, monsieur.

'Où est-elle maintenant?'

«Eh bien, monsieur, elle est juste en train de se déchaîner. "Je vais faire voler sa fourrure", elle se lève et dit, dit-elle, quand elle a entendu comment tu étais sans . Ce n'est pas une gentille jeune femme pour un petit goûter, monsieur, ajouta-t-il en baissant la voix ; «Votre sœur est une femme ordinaire et extérieure, c'est sûr. »

Le Sphynx, malgré sa lourdeur, risquait parfois une légère liberté en s'adressant à moi.

Je fis une réplique gaie, réfléchissant au caractère de ses propres relations féminines célibataires, et entrai dans la pièce.

Philippa était assise sur la haute cheminée en chêne sombre, ses pieds pendants de manière non conventionnelle au-dessus de la cheminée. La neige, fondant sur ses petites bottes et sur ses cheveux, avait formé une grande flaque d'eau sur le sol.

Je m'approchai et attendis qu'elle parle, mais elle balançait mes petits pieds d'un air mesquin, comme quelqu'un qui, par son action, veut signifier son mécontentement.

«Philippa», dis-je sévèrement, «parle-moi».

"Eh bien, voici une vieille crise gay!" s'écria Philippa en sautant du haut de la cheminée et en croisant violemment les bras sur les hanches.

'Qui es-tu? Où est le bébé ? *Vous êtes* un frère ; tu es un joli frère ! Est *-ce* ainsi que vous gardez des points avec une pauvre fille ? Qui a tué le bébé ? Vous l'avez fait… vous l' avez *tous* fait.

Ses paroles se succédaient les unes dans les autres, et avec une éloquence que je ne peux espérer reproduire (et d'ailleurs mon excellent éditeur ne le permettait pas un instant), elle continuait à danser avec dérision contre moi et à m'amasser les reproches les plus vexatoires. et nature frivole sur ma tête.

«Philippa, dis-je enfin, tu es trop frivole.»

Un air maussade s'installa sur son visage et, à l'aide d'une chaise, elle se rassit dans son ancienne attitude apathique et penchée sur la cheminée.

En voyant ces symptômes, en entendant ces reproches, une grande vague de joie m'envahit le cœur. De toute évidence, Philippa était effectivement, comme l'avait dit Mme Thompson, « aussi folle qu'un chapelier ». Quoi qu'elle ait pu faire ne comptait pas et tout allait bien. Nous plaiderions la folie.

Elle avait été victime d'une maladie mentale dont je n'hésite pas à dire que la source n'a pas encore fait l'objet d'une enquête approfondie. Pour autant que je sache, il n'existe pas de monographie sur le sujet, sinon je l'aurais certainement lu attentivement pour les besoins de cet annuel de Noël. Je ne peux pas me passer d'une folle dans mes histoires, et si je ne trouve pas un cas approprié dans les livres de médecine, eh bien, j'en invente un, ou je le prends aux Français. Celui-ci, je l'ai inventé.

Les détails du cas de Philippa, bien que d'un intérêt professionnel vaste et capital, je les réserverai pour une communication à quelque revue scientifique.

Quant au traitement, je ne mesurai pas moins de soixante gouttes de laudanum, avec une quantité égale de très vieille eau-de-vie, dans un récipient séparé. Mais préparer une dose et faire en sorte qu'un tel patient la prenne sont deux choses différentes. J'ai réussi grâce à l'appareil suivant.

J'ai envoyé chercher de l'eau chaude, du sucre et un citron. J'ai soigneusement mélangé l'élément bouillant avec le cognac et (séparément) avec le laudanum.

J'ai pris un peu de l' *ancienne* boisson. Philippa, avec un intérêt intact, me voyait répéter cette action encore et encore. Un air plus doux et plus satisfait se dessina sur son beau visage. J'ai saisi l'instant. Une fois de plus, j'ai appliqué la potion (l' *autre* potion) sur elle.

Cette fois avec succès.

Murmurant doucement « Encore du sucre », Philippa s'endormit dans un sommeil sonore comme celui de la mort.

Philippa pourrait se réveiller, je l'espérais, avec la mémoire libre des événements de la journée.

De même que la princesse Toto, dans l'étrange vieille tragédie élisabéthaine, avait complètement oublié les circonstances de son mariage, Philippa pourrait bien oublier complètement son meurtre.

Quand nous nous souvenons de ce que sont les femmes, ce dernier cas d'inconscience semble le plus probable.

# CHAPITRE V.
## Le marié blanc.

Je serai, j'en suis sûr, à peine crédité lorsque je dis que l'inconscience de Philippa a duré seize jours. J'avais souhaité qu'elle dorme si longtemps que le souvenir de ses actes au cours de cette terrible nuit disparaisse de sa mémoire. Elle semblait susceptible de le faire.

Pendant tout le temps qu'elle dormait, je me sentais de plus en plus en sécurité, car la neige ne cessait de tomber. Il devait y avoir trente pieds de profondeur au-dessus de tout ce qui était mortel de Sir Runan Errand. Plus c'est profond, mieux c'est. Le baronnet n'a jamais manqué à personne, c'est curieux à dire. Aucune enquête n'a été effectuée ; et cela aurait pu embarrasser une personne moins étrangère que moi aux manières des baronnets et de leurs amis.

Parfois, une fascination terrible me conduisait sur le chemin où j'avais trouvé la masse brisée et meurtrie. Il me semblait que je pouvais voir la dérive même où se trouvait la chose, et une morne tentation (datant probablement de l'époque où j'avais quelques bêtes sauvages dans l'exposition) m'a poussé à « la remuer avec une longue perche ». J'y résistai et, pleurant amèrement, je me tournai vers le chevet de Philippa.

En marchant, j'ai rencontré Mme Thompson.

« Est-ce qu'elle le déteste ? » demanda-t-elle soudain.

«Le pardon est une vertu chrétienne», répondis-je évasivement.

Je ne pouvais pas faire confiance à cette femme.

« Écoutez, dit-elle, et essayez de comprendre. Si je pensais qu'elle le détestait, je lui dirais quelque chose. Si elle pensait que tu les détestais, il me dirait quelque chose. Si vous pensiez qu'il la détestait, je lui dirais quelque chose. Je vais attendre et voir.

Elle m'a laissé tirer le meilleur parti (ce qui n'était pas grand-chose) de ses paroles énigmatiques.

C'était évidemment une femme étrange.

J'avais l'impression qu'elle était mêlée aux débuts de la vie de Sir Runan, et que nous étions mêlés à la mort prématurée de Sir Runan — en fait, tout était vraiment très mélangé.

Elle est revenue. « Donnez-moi votre nom et votre université », dit-elle, « pas nécessairement pour publication », et j'ai deviné qu'elle avait autrefois été surveillante à Girton. Je lui ai donné mon adresse au pub du coin, et nous nous sommes séparés, Mme Thompson chuchotant qu'elle « écrirait ».

En rentrant chez moi, j'ai bondi jusqu'à l'appartement de Philippa.

Un grand changement s'était produit en elle.

Elle était réveillée !

Je devins aussitôt en proie aux inquiétudes les plus folles.

Les difficultés de ma situation se révélèrent pour la première fois à moi. Si Philippa restait folle, comment pourrais-je la retirer de sa scène, hélas ! de son crime ? Si Philippa était devenue saine d'esprit, sa position sous mon toit était extrêmement compromettante. Encore une fois, si elle était folle, un jury pourrait l'acquitter, lorsque la neige fondrait et révélerait tout ce qui restait du baronnet. Mais, dans ce cas, quel plaisir ou profit pourrais-je tirer de la société d'une Philippa folle ? En supposant, d'autre part, qu'elle soit saine d'esprit, n'étais-je pas alors un « complice après coup » et passible de toutes les peines et peines d'un tel crime ?

Ici, la dernière question s'est posée et m'a tendu son doigt fantomatique : « Un homme sain d'esprit peut-il être complice après coup d'un meurtre commis par une femme folle ?

Autant que je sache, il n'existe pas de monographie sur ce sujet, ou je l'aurais certainement consulté pour les besoins de cet annuel de Noël.

Toutes ces questions me traversèrent l'esprit comme un éclair tandis que je m'agenouillais au chevet de Philippa et que j'attendais son premier mot.

« *Bon jour*, Philippine », dis-je.

"Basil," répondit-elle, "où suis-je?"

«Sous mon toit, celui de ton frère», dis-je.

'Frère! oh, range ce bordel ! » dit-elle en se détournant langoureusement.

Cela ne faisait aucun doute, Philippa était redevenue elle-même !

Je me levai pensivement et me dirigeai vers les écuries.

Couvert de neige blanche sur un macintosh blanc, j'ai rencontré William, le Sphynx, près de la porte de la remise.

Le marié blanc !

Tournant dans sa main un petit objet, *une clé de porte d'une fabrication particulière*, il me sourit fixement.

"C'est une rhume, écuyer, ta sœur, c'est vrai", rigola le Sphynx.

« William, dis-je, va à Roding et ramène deux infirmières, même s'il faut qu'elles engagent vingt dragues pour les attirer ici. Et William, apporte de la drogue dans les transports en commun.

En le mettant dans cette expédition, je me suis débarrassé du Sphynx. Était-il témoin ? *Il connaissait certainement la nature d'un serment !*

# CHAPITRE VI.
## Dur comme fer.

BIEN sûr, quand je me suis réveillé le lendemain matin, ma première pensée a été pour Philippa ; mon deuxième concernait la météo. Toujours intéressante, l'observation météorologique devient particulièrement passionnante lorsqu'elle dépend entièrement du thermomètre si vous serez ou non arrêté comme complice après coup, ou (comme disent les avocats) *post mortem* . Mon cœur se serra dans mes bottes, ou plutôt (car je n'étais pas encore habillé) dans mes pantoufles, quand je constatai que, pour la première fois depuis seize jours, la neige avait cessé de tomber. J'ai vomi la ceinture, l'air froid m'a coupé comme un couteau. Machinalement, j'ai vomi l'éponge ; il frappa violemment le plafond et retomba en une masse de glaçons cassants et tintants, tant le gel de fer qui l'avait retenu était violent.

J'ai ramassé une poignée de neige sur le rebord de la fenêtre. Il s'effritait entre mes doigts comme de la poudre dentifrice camphrée brevetée, et je me mis immédiatement à l'utiliser. La nécessité est la mère de l'invention. Puis je me tournai, comme dernier test, vers mon bain. Oh joie! il était gelé de dix pouces d'épaisseur ! Pas de baignoire pour moi aujourd'hui ! J'ai couru en bas joyeusement et j'ai jeté un coup d'œil au thermomètre à l'extérieur de la fenêtre de mon bureau. Hourra, il a enregistré vingt degrés en dessous de zéro ! C'est enregistré ! Cela m'a rappelé mon serment ! Je l'ai enregistré une fois de plus, indépendamment des frais juridiques.

Mon moral remonta aussi vite que le verre était tombé. Le vent soufflait plein est, ce qui n'était généralement pas un sujet d'exultation indécente.

Mais tant que le vent soufflait plein est, le gel durerait aussi longtemps et cette masse blanche au bord de la route resterait *en statu quo* .

Pendant longtemps, Philippa était en sécurité.

Après cela, son sort, et le mien aussi, dépendaient des excentricités d'un jury, du libertinage reconnu d'un juge éminé, de l' humour de la justice, d'une série de points sans précédent sur lesquels aucune monographie n'avait encore été écrite ; et, comme dernière ressource désespérée, sur les lettres d'un public britannique sympathique dans les penny papers. Les penny papers, le dernier présentateur du criminel ! Dans ces circonstances exaspérantes, Philippa est restée aussi bien qu'on pouvait l'espérer. Elle parlait peu, mais mangeait et buvait beaucoup. Jour après jour, la dure gelée noire durait, et la tombe enneigée cachait tout ce qu'il m'aurait été très gênant de découvrir. Les cieux eux-mêmes semblaient nous protéger et travailler pour nous. Le ciel protège-t-il généralement les accessoires après coup et les dames qui ont écourté la carrière de leurs seigneurs ? Je laisse ces questions au casuiste, au météorologue, aux rédacteurs de prévisions météorologiques et à d'autres autorités constituées en matière de théologie et d'état du baromètre.

Je n'ai pas indiqué l'année au cours de laquelle ces événements discrets se sont produits.

Beaucoup de ceux qui se souviennent de cette puissante chute de neige, qui dépasse tout dans le souvenir du plus ancien habitant, et du temps pendant lequel le gel l'a maintenue sur la terre, pourront et voudront fixer la date.

Je ne m'oppose pas à ce qu'ils occupent ainsi leurs loisirs à des recherches chronologiques.

S'ils se sentent un peu déconcertés par les difficultés du problème, je leur donnerai une « lumière » supplémentaire : *depuis cette année-là, il n'y a pas eu de temps pareil* .

Les réponses peuvent être envoyées à l'éditeur de puzzles de *Truth* .

Jour après jour, Philippa allait de mieux en mieux. Cela semble être le résultat habituel d'un temps excessivement saisonnier agissant sur une constitution précédemment minée par la bigamie, les meurtres et d'autres excès similaires.

J'épargne tout résumé technique de l'affaire, suffisant pour dire que ce fut l'un des rares cas où l'esprit, totalement déséquilibré, est rétabli à son équilibre par soixante gouttes de laudanum prises à jeun, avec un filet de citron, après un exercice violent. avec l'estomac vide.

Le cas est presque unique ; mais, si les choses s'étaient déroulées autrement, cette histoire n'aurait jamais pu être préparée à temps pour se dérouler avant les autres éditions de Noël.

Les choses seraient devenues vraiment *trop* compliquées !

À mesure que Philippa se rétablissait, il devenait de plus en plus évident, même aux esprits les plus dilatoires, que plus tôt elle quitterait les lieux de sa dernière représentation sans répétition, mieux ce serait.

Le baronnet ne manquait pas encore, et même il ne manquait jamais , et c'est l'un des points les plus remarquables de toute cette affaire.

lorsqu'il *venait* à manquer, il était naturellement recherché dans le voisinage de la plus récente et de la plus séduisante de ses épouses.

Cette femme était Philippa.

Tout indiquait un vol instantané.

Mais comment faire pour que Philippa voie ça ? *Par hypothèse*, elle ne savait rien du meurtre. D'un autre côté, toute sa nature pure, quoique passionnée, se révolterait contre le fait de partager ma maison plus longtemps que nécessaire. Mais la même pureté ne l'empêcherait-elle pas de m'accompagner à l'étranger ?

frère et sœur mais Philippa n'avait jamais été dupe de cette terminologie.

D'ailleurs, sa position n'était-elle pas, de toute façon, juste un peu louche ?

Une idée me vint alors pour la première fois. Beaucoup d'hommes auraient depuis longtemps demandé à leur mère de les *chaperonner* . J'ai compris que j'avais une mère.

Qui dit « mère » dit « chaperon ».

J'emmènerais ma Philippa chez ma mère. Philippa était maintenant complètement convalescente.

Je ne peux qu'attribuer ma persistance au sentiment de fatalité que tout reviendrait et serait tout à fait carré.

L'amour que j'avais mis de côté jusqu'à ce que je puisse voir mon chemin un peu plus clairement dans ce concours de circonstances certainement déroutant. Néanmoins Philippa, je le dis à bon escient, me parut beaucoup plus pure et innocente que lors de notre première rencontre. Il est vrai qu'elle avait été secrètement mariée à un homme sous un nom qu'elle savait faux.

Il est vrai qu'elle avait donné naissance à un bébé dont le sort ultérieur reste encore aujourd'hui un mystère. Il est vrai que ses mains étaient tachées du sang de Sir Runan Errand.

Mais pourquoi parler de redistribution, pourquoi militer pour le droit de vote des femmes, si de telles bagatelles doivent entraver le cheminement d'une fille dans la société ?

Les torts de Philippa l'avaient poussée à la folie. Sa folie était responsable de l'acte. Elle n'était plus en colère. Elle n'était donc pas responsable. Philippa était donc innocente.

Si elle redevenait folle, alors il serait temps de parler de culpabilité.

Mais ces arguments seraient-ils aussi puissants auprès d'un jury britannique qu'ils l'auraient certainement prouvé auprès d'un jury français ?

Un jour, Philippa parut prendre conscience de la situation.

Une fois, elle m'a demandé : « Comment est-elle venue chez moi ce soir-là ?

«Vous êtes *sorti* des tourbillons de neige et *dans* un état de délire intense», répondis-je épigrammatiquement.

«Je pensais que j'étais venue à pied», répondit-elle rêveusement.

« Mais, Basil, reprit-elle, et après ? Quelle est la prochaine étape, mon noble sportif ?

Quoi, en effet ! Philippa m'a accueilli là-bas.

De toute évidence, il était temps de déménager.

Afin d'écarter les soupçons, j'ai pensé qu'il valait mieux ne pas fermer ma maison.

Dans le même but, j'ai commis un peu de crime pour mon propre compte.

Un homme se lasse de n'être qu'un accessoire.

William, le Sphynx, « était évidemment au courant », comme le disent les personnages sportifs. Je savais ce qu'il y avait dans la neige ! Je dois faire taire William.

J'ai pris mes mesures tranquillement.

d'abord déposé deux douzaines de sherry pâle très curieux à une demi-couronne.

J'ai acheté chaque bouteille dans un magasin séparé sous un déguisement différent (soit vingt-quatre en tout), afin que mes démarches n'attirent pas l'attention.

J'ai déposé le liquide mortel avec toute la prudence nécessaire dans la cave.

En me séparant de William, je lui ai donné cinq shillings et la clé de la cave, lui disant d'être très prudent et d'attendre mes instructions.

Je savais bien que bien avant que mes « instructions » puissent lui parvenir, le fidèle William serait sans voix et bien hors de portée de la science humaine.

Son secret coucherait avec le Marié Blanc.

Puis Philippa et moi sommes allés en ville, Philippa me posant des énigmes, comme Nabuchodonosor.

« Il y avait quelque chose dont je rêvais. Dis-moi ce que c'était ? elle a demandé.

Mais, bien que mieux informé que les sages et les devins d'autrefois, je n'ai pas satisfait son désir inhabituel.

En arrivant en ville, je me suis rendu directement à l'hôtel où logeait ma mère.

C'était l'un de ces hôtels privés très chers du New Out.

Cependant, comme je n'avais aucune envie d'acquérir ce lieu de divertissement, la valeur exorbitante que lui accordaient ses propriétaires ne me gênait pas.

En quelques minutes, j'avais raconté à ma mère tout sauf deux choses : les affaires du bébé et le sort qui avait frappé Sir Runan.

A ces infimes exceptions près, elle savait tout.

Tomber dans les bras de Philippa était, pour mon parent toujours actif, l'œuvre d'un instant.

Puis Philippa m'a regardé avec un clin d'œil naïf.

"Basil, mon frère, tu es vraiment trop bon."

Ah, comme j'aurais été heureux si le travail d'une nuit noire avait été annulé !

# CHAPITRE VII.
## Sauvez et prenez votre retraite !

Jusqu'à présent, j'ai peu parlé de ma mère, et il se peut même que j'aie considéré cette dame à la lumière d'une convenance passagère. Mes lecteurs auront cependant déjà deviné que *ma* mère n'était pas un personnage commun.

Considérez un instant la position qu'elle consentit si volontiers à occuper.

*ne pas* lui révéler les détails insignifiants de la disparition soudaine de Sir Runan et de l'affaire du bébé.

Les choses étaient donc, à son avis, ainsi :

Philippa a été victime des ruses d'un baronnet.

Lorsqu'elle était partie avec le nouvel amour, elle était promptement revenue et avait passé un temps considérable sous le toit de l'ancien amour ; c'est-à-dire de moi-même.

Puis j'étais soudainement arrivé avec cette future belle-fille éligible dans l'hôtel cher de ma mère, et j'insistais pour que nous devions immédiatement émigrer, nous trois, vers des pays étrangers - plus c'était étranger, mieux c'était.

Je m'étais particulièrement étendu sur les charmes des paysages et la salubrité du climat dans *les pays où il n'y avait pas de traité d'extradition avec l'Angleterre* .

Même si rien dans ces circonstances ne pouvait éveiller la jalousie vigilante d'une mère, il faut rappeler que, en tant que *chaperon* , elle semblait arriver un peu tard.

« Comme vous avez vécu si longtemps sans moi », auraient observé certains parents, « vous pouvez vous passer complètement de moi ».

Aucune de ces objections insignifiantes n'est venue à l'esprit de ma mère.

Elle était de bon caractère en soi.

A peine revenue d'une tournée professionnelle sur le continent (elle était, aurais-je dû dire, elle-même dans le métier et remplit admirablement le rôle *exigeant* de Stout Lady dans une exposition très respectable), ma mère commença aussitôt à emballer ses propriétés et préparez-vous à nous accompagner.

Jamais il n'y a eu de plus bonne humeur *chaperon* . Si l'une de nous entrait dans la pièce où elle était assise avec l'autre, elle me poussait avec humour et, en disant : « Deux c'est de la compagnie, les jeunes, trois c'est pas », elle s'éloignait avec tout l'empressement que sa silhouette et son âge lui donnaient. permis.

J'ai appris par des demandes adressées au *Family Herald* (colonne de correspondance) que le Soudan était alors, comme il l'est aujourd'hui, le pays le plus sûr contre la loi anglaise. L'Espagne, à cet égard, est considérée comme une mauvaise seconde.

Dès le lendemain, j'abordai à nouveau le sujet des voyages à l'étranger avec ma mère. Il était déjà évident que le gel ne durerait pas éternellement . Une fois la neige fondue, une fois découverte la masse écrasée qui avait été un baronnet, des preuves circonstancielles désigneraient Philippa. Il est vrai que personne, à part moi, ne pouvait *jurer avec certitude* que Philippa avait tué Sir Runan. Encore une fois, même si je pouvais le jurer positivement, mes connaissances n'étaient qu'une déduction personnelle. Philippa elle-même avait complètement oublié la circonstance. Mais les soupçons de la Femme Barbue et du Marié Blanc allaient sûrement être éveillés, et je résolus de chercher le Soudan sans attendre une heure.

Je comptais sans mon hôtesse.

Ma mère a d'abord hésité.

« Tu n'as certainement pas l'air bien, Basil. Mais pourquoi le Soudan ?

« Un caprice, une fantaisie de malade. Peut-être parce qu'il n'est pas très éloigné du Vieux Calabar, le pays du propre père de Philippa. Mère, dis-moi, comment la trouves-tu ?

« C'est la femme que vous aimez, et si douteux que soient ses antécédents, si particulier son style de conversation, elle est, elle doit être, irréprochable. En dire davantage, après une si courte connaissance, pourrait avoir un goût de précipitation et d'exagération.

Une logique de femme !

« Alors tu *viendras* au Soudan avec nous demain ?

"Non, mon enfant, plus au sud que l'Espagne, je n'irai *pas* , pas ce voyage !"

Ici Philippa entra.

« Eh bien, quelles sont les prochaines nouvelles, vieil homme ? dit-elle.

« En Espagne, demain !

*"Pluie, pluie, va en Espagne,*

*Assurez-vous de ne plus revenir.*

chantait la douce Philippa, avec une bonne humeur enfantine.

Je l'avais rarement vue ainsi !

Hélas, le charme de Philippa contre la pluie s'est avéré pire qu'inutile.

Cet après-midi-là, après plusieurs mois de gelée noire et courageuse qui avait saisi la terre dans son étreinte sévère, la pluie commença à tomber abondamment.

Le voile blanc de neige se retirait progressivement.

Toute la nuit, j'ai rêvé de la neige blanche qui disparaissait lentement du chapeau blanc.

Le lendemain matin, la neige avait disparu et le chapeau blanc devait être évident pour l'homme voyageur, bien qu'imbécile.

Le lendemain matin, le lendemain et le lendemain, je me trouvai toujours à Londres.

Pourquoi?

*Ma mère faisait les courses !*

Oh, quelle horrible torture d'avoir une mère gay faisant du shopping pendant les heures solennelles, quand chaque instant rapprochait son fils du sort d'un complice après coup !

Ma mère n'était pas opposée au voyage, mais elle *aimait* avoir son petit confort sur elle.

Elle s'occupait d'acheter...

Un lit à eau.

Une *boule* , ou bouillotte.

Un poêle portatif.

Une cuisinière itinérante.

Une pharmacie de bord.

Un ensemble complet d'Ollendorff.

Dix mille pots de marmelade de Dundee. Et tout autre article qu'elle jugeait essentiel à son confort et à sa sécurité pendant l'expédition. En vain j'ai insisté sur le fait que notre devise était *Sauver et se retirer* , et que des préparatifs aussi élaborés pourraient nous empêcher de nous retirer de notre côte natale et rendre ainsi le sauvetage extrêmement problématique.

Ma mère conservatrice n'a répondu qu'en citant l'exemple de Lord Wolseley et de l'expédition sur le Nil.

« Combien de temps sont- *ils* restés parmi les pots, les pots de marmelade ? »
dit ma mère. "Est-ce *qu'ils* ont commencé avant que chaque désordre ait sa
part de cuillères à café supplémentaires en cas d'accident, et une double
provision de respirateurs brevetés pour les batteurs, et de raquettes pour les
bateliers canadiens au cas où le climat s'avérerait incertain?"

Les connaissances historiques de ma mère et l'exemple unique d'équipement
prévoyant et exhaustif qu'elle citait me réduisirent au silence, mais ne
diminuèrent pas mon anxiété. Le retard m'a rendu nerveux, excité et nerveux.

Demain matin, nous devions partir.

Demain matin, il était trop tard.

Avec effort, j'ouvris le journal du matin – le *Morning Post* , en l'occurrence –
et courus à la hâte dans les colonnes, l'exercice actif m'ayant été recommandé.
Qu'est-ce qui m'importait de la politique, de l'actualité étrangère ou même de
l'intelligence sportive ? Tout ce que je cherchais, c'était un paragraphe intitulé
« Horribles révélations » ou « Affreuse mort d'un baronnet ». J'ai parcouru les
colonnes en vain.

Aucune nouvelle de ce genre ne m'est venue à l'esprit. Je me levai
joyeusement pour partir lorsque mon regard tomba sur le Standard.

Mécaniquement, je l'ai ouvert.

Ces mots étaient écrits (c'est du moins ce qu'ils me semblaient écrits) en
lettres de feu, bien que l'admirable presse de Shoe Lane n'employât pas
vraiment ce médium approprié.

"Horrible découverte près de Roding."

La vérité m'a immédiatement traversé l'esprit. Le *Morning Post* n'avait pas
contenu les renseignements parce que,

Le gouvernement a boycotté le « Morning Post » !

Seules les revues qui soutenaient plus ou moins le gouvernement étaient
autorisées à obtenir des « exemplaires » d'un intérêt aussi passionnant !

Et pourtant, ils parlent d'une presse libre et d'un pays libre !

M'arrachant à ces réflexions, je me suis concentré sur l'horrible paragraphe.

« La fonte des neiges a jeté une lumière sinistre sur la disparition mystérieuse
(qui jusqu'alors n'avait pas attiré l'attention) d'un baronnet excentrique, bien
connu dans le milieu sportif. Hier après-midi, le palefrenier d'un gentleman,
pataugeant sur l'autoroute, a découvert le chapeau blanc d'un gentleman
flottant sur le ruisseau boueux en lequel le temps sans précédent et la
négligence des administrateurs de la route ont transformé notre artère. Une

inscription à l'encre rouge dans la doublure ne laisse aucun doute sur le fait que cet article vestimentaire est tout ce qui reste de feu Sir Runan Errand. Les amis du malheureux noble ont été contactés. Le représentant actif et intelligent de la police locale estime détenir un indice sur l'auteur du crime. Il est probable que le corps du noble assassiné ait été emporté par la route inondée menant à la mer.

J'ai déchiré ce papier en morceaux et je l'ai utilisé pour emballer des sandwichs pour le voyage.

Une fois de plus , je vous le dis, si vous ne parvenez pas à me comprendre, mettez cette histoire de côté. Dieu sait qu'elle est sombre , et elle devient de plus en plus sombre ! Mais probablement, à ce stade, vous avez soit jeté le travail, soit regardé la fin pour voir ce qui est arrivé à tous.

Le matin s'est levé.

J'ai rempli mon sac de pièces de Hanovre, qui, je pensais, pourraient s'avérer utiles sur le gazon espagnol, et j'ai emballé trois ou quatre chapeaux d'opéra jaune, rouge, vert et bleu, si utiles au bookmaker aventureux.

A ce moment précis, le facteur arriva et me remit une lettre dans une main de femme.

Je l'ai mis imprudemment dans ma poche de poitrine.

Le taxi s'éloigna.

Enfin nous partîmes.

Je suis sûr que personne qui aurait pu nous voir ce matin-là n'aurait imaginé que parmi ce groupe de trois personnes : une matrone anglaise à l'air plus que confortable, une jeune fille dont l'étrange beauté a été suffisamment évoquée et un gentleman en tenue jaune. un chapeau écrasé et un sac de bookmaker : deux d'entre eux volaient des mains de la justice.

Notre apparence était certainement de nature à désarmer tout soupçon.

Mais les apparences sont proverbialement trompeuses. Les nôtres étaient-ils assez trompeurs ?

« Mais où allons-nous ? dit ma mère, avec le souvenir court de la vieillesse.

« À Paris d'abord, puis en Espagne et, si nécessaire, jusqu'à Khartoum.

' *Alors* vous les jeunes, vous devrez y aller seuls. Je fixe la limite à Dongola.

J'ai jeté un coup d'œil à Philippa.

Puis, pour la première fois depuis sa maladie, je vis Philippa rougir ! Ses longs cils recourbés cachaient ses yeux, qui étaient probablement également roses, mais la large plaisanterie de ma mère avait certainement fait rougir la joue de la jeune personne.

Alors que nous approchions de Folkestone, je me souvins de la lettre, mais la vue du cachet de la poste de Roding m'incita à différer son ouverture jusqu'à ce que nous soyons à bord du bateau à vapeur. Lorsque Philippa luttait contre les angoisses du voyage, alors, sans être dérangé, je pouvais vérifier ce que Mme Thompson (car c'était sûrement Mme Thompson) avait à dire.

Nous étions désormais à bord. Philippa et ma mère s'enfuirent au fond du salon, et j'ouvris la fatidique missive. Cela commença sans aucune formalité conventionnelle, et les premiers mots blanchirent une joue déjà pâle.

'Je te vois !'

Cette étrange épître commençait :

' *Je* sais pourquoi Sir Runan n'est jamais arrivé chez moi. Je connais la raison (c'était trop évident) de *son* état étrange et excité. Je sais comment il a connu la mort qu'il méritait.

«Je n'ai jamais eu le courage. Aucun d'entre nous n'a jamais eu le courage. Nous avons tous juré de nous balancer pour lui alors que, l'un après l'autre, il s'est marié et nous a abandonnés. Le Rossignol à deux têtes l'a juré, ainsi que le Chaînon Manquant, la Fille Tachetée et la Femme Forte qui avait l'habitude de doubler les fers à cheval. Maintenant, elle double sa poussette avec ses enfants, mais elle ne l'a jamais doublé.

« Quant à votre sœur, dites-lui de ma part qu'elle va bien. Elle s'est faite sa veuve, elle est la douairière Lady Errand.

« Le fait est que *la Live Mermaid n'a jamais été vivante* ! C'était un objet de cire et un *salmo ferox en peluche* . Son prétendu mariage avec *elle* n'est donc qu'un prétexte spécieux pour lui permettre d'échapper aux prétentions de votre sœur.

« Maintenant qu'il est mort, votre sœur peut prendre le nom, le titre et les domaines. J'aimerais qu'elle puisse les obtenir.

# CHAPITRE VIII.
## Couleur locale .

J'ai lu la lettre de cette femme encore et encore, je l'ai lue avec les sentiments les plus mêlés. D'abord, je pensais avec une fierté solennelle que Philippa était *plus* qu'une honnête femme ; qu'elle était vraiment la dame d'un baronnet ! Après notre mariage, elle devrait conserver son titre. Beaucoup de gens le font. Comme cela sonnerait bien lorsque nous entrions ensemble dans une pièce : « Docteur South et Lady Errand ! Pourtant, à bien y réfléchir, cette conjonction de noms ne susciterait-elle pas plutôt des questions ?

Oui, des associations désagréables pourraient être ravivées.

Ma seconde pensée fut que, si Mme Thompson tenait parole, autant rentrer chez nous immédiatement, sans nous soucier du Soudan. Le Marié Blanc, j'en étais certain, était depuis longtemps sans voix. Il n'y avait donc personne pour relier Lady Errand au décès de Sir Runan.

De plus, l'estime de soi de Philippa était désormais assurée. Elle l'avait perdu lorsqu'elle avait appris qu'elle n'était pas la femme de Sir Runan ; elle le retrouverait lorsqu'elle se rendrait compte qu'elle était devenue la veuve de Sir Runan. Tel est le caractère de la moralité féminine, tel que je comprends le fonctionnement du cœur de la femme.

J'en étais arrivé à ce point de mon monologue, lorsque je pensais que je ferais peut-être mieux de *n'en* rien dire à Philippa.

Voyez-vous, les choses étaient si mélangées, parce que la mémoire de Philippa était si curieusement construite qu'elle avait entièrement oublié le meurtre qu'elle avait commis ; et même si je lui prouvais par des preuves documentaires qu'elle n'avait assassiné que son propre mari, cela ne l'aiderait peut-être pas à soulager sa conscience accablée autant que je l'avais espéré. Il y a des moments où j'abandonne presque cette histoire, par désespoir. Présenter une héroïne qui est complètement folle, pour ainsi dire, et qui oublie et se souvient des choses exactement au bon moment, semble un artifice délicieusement simple.

Mais, ma parole, j'oublie toujours ce dont Philippa doit se souvenir, et sur le point de lui faire rappeler les choses mêmes qu'elle oublie !

J'étais devenu si perplexe que je me consolai en maudissant la mémoire de Sir Runan. *De mortuis nil nisi bonum !*

Quels ennuis un seul petit meurtre, auquel on pense assez peu à l'époque, donne souvent à un individu.

Tout cela alors que nous approchions de Paris.

Les taches du voyage emportées , ma mère poussa un soupir de satisfaction en s'asseyant à table. Comme quiconque pourrait le deviner en la regardant, elle ne méprisait pas les bonnes choses de cette vie ! Le soir même, nous nous rendîmes à l'Hippodrome, où nous rencontrâmes de nombreuses vieilles connaissances. Mes propres Artillery Twins étaient là et m'ont embrassé les mains alors qu'ils volaient gracieusement au-dessus de nos têtes vers le trapèze désiré. Ici aussi se trouvait l'Homme tatoué, et je saisis sa main bigarrée et décorative avec une émotion que j'ai rarement ressentie. Sans vanité, je peux dire que Philippa et ma mère ont eu un *succès fou* .

Dès l'instant où ils entraient dans leur loge, toutes *les lorgnettes* étaient fixées sur eux.

Tout Paris était là, le *tout Paris* des *premières* , des *courses* , le *tout Paris* du *clubman* des *belles petites* , des dames *à chignon jaune* . Ici étaient les Livreurs , les *gommeux* , ceux qui *font courir* , les journalistes, et ici j'observais avec un intérêt particulier mes grands maîtres, M. Fortuné du Boisgobey et M. Xavier de Montépin .

Pendant les intervalles de la représentation, *tout le monde* se pressait dans notre *loge* , et j'ai observé que ma mère et Lady Errand faisaient une impression presque égale sur bien des jeunes *imprésarios galants et entreprenants* .

Nous avons soupé au *Café Bignon* ; des toasts ont été portés ; J'ai également été ramené à la maison.

Le lendemain matin, je compris en partie l'état mental de Philippa. J'avais complètement oublié les événements de la dernière partie du divertissement.

Plusieurs factures arrivèrent pour des fenêtres que, semble-t-il, j'avais cassées dans un moment d'effusion.

Des gendarmes arrivèrent et m'auraient arrêté sous l'accusation d'en avoir renversé trente-sept environ.

Cette petite affaire fut facilement réglée.

J'ai présenté mes excuses séparément et individuellement à chacun des trente-sept *braves hommes* , et collectivement à tout le corps, à l'armée française, au président, à la République et à la statue de Strasbourg sur la place de la Concorde. Ces devoirs finis, j'avais tout loisir de réfléchir à l'injustice de la loi anglaise.

Certaines actions que j'avais entièrement oubliées, je les expiai au prix de quelques milliers de francs et de quelques dizaines d'excuses.

Pour une seule action, dont elle ne se souvenait absolument pas, Philippa dut fuir la justice anglaise et renoncer à son titre et à sa place dans la société ! Les deux dames me charmèrent maintenant en me racontant les compliments qui leur avaient été adressés ; tous deux refusèrent absolument de quitter Paris.

«Je veux regarder les magasins», dit ma mère.

«Je veux que les *gommeux* me regardent», dit Philippa.

Ni l'un ni l'autre ne voyaient le moindre plaisir dans mon projet d'expédition en Espagne.

Les semaines passèrent et nous trouvèrent toujours dans la capitale du plaisir.

Ma grande fortune, à l'exception de quelques milliers insignifiants, avait disparu dans l'euphorie passagère du baccara.

Nous devons faire quelque chose pour restaurer notre richesse.

Ma mère a eu une idée.

« Basile, dit-elle, tu parles de l'Espagne. Vous aspirez à vous imprégner des couleurs locales . Vous soupirez après *les hidalgos, les sombreros, les carbonados et les carboncillos* , pourquoi ne pas joindre l'utile à l'agréable ?

« Pourquoi ne pas prendre l'Alhambra ?

C'était une idée *!*

Où pourrions-nous être plus en sécurité que sous le vieux drapeau maure ?

Philippa a facilement accepté la proposition de ma mère. Quand la femme a goûté à l'admiration du public, quand elle est montée sur les planches, elle se retire sans enthousiasme, même à quarante ans.

«J'avais pensé», dit Philippa, à m'exposer au Congrès des sciences sociales et à donner une conférence sur l'auto-publicité et le déclin éthique du secteur du spectacle moral, avec quelques remarques sur les œuvres de cire. Mais l'Alhambra sonne de plus en plus ton .

Cela a été décidé.

J'ai jeté Baedeker et Murray, ainsi que « l'Espagne » de Ford, sur lesquels je m'étais appuyé pendant trois chapitres sur le rembourrage et la couleur locale . Je ne pensais plus aux très vieilles églises de Sainte-Croix et de Saint-Seurin et à une foule d'autres objets intéressants. Je ne me souciais pas de Saint-Sébastien, ni de la vallée de la Giralda, ni de Burgos, la capitale de l'ancien royaume castillan, ni des gloires captivantes du défunt Moore. Avec plaisir, gaiement, j'ai achevé les négociations nécessaires et me suis retrouvé, avec Philippa, ma mère et plusieurs membres de ma vieille *troupe* , dans la chère vieille Alhambra, en sécurité sous l'abri du vieux drapeau mauresque.

Secouez la tristesse noire, Basil South, et faites sauter les choses.

Vous avez vaincu le destin !

# CHAPITRE IX.
## Enregistré! Enregistré!

GLORIEUX, merveilleux Alhambra ! Cuadrado magique de Leicestero ! Philippa et moi étions aussi heureuses que des enfants et la maison était pleine tous les soirs.

Nous appelions tout par des noms espagnols et jouions perpétuellement à être Espagnols.

Le *foyer*, nous l'appelions *patio*, un espace parfumé au parfum des oranges, que le public suçait toujours, et périlleux d'écorces. Ajoutez à cela une buvette, *refectorio*, pleine des vieux *cigares les plus rares*, et qui sent *l'aqua de soda et l'aguardiente*. Ici les *bouteilles* d'*aqua de soda* claquaient continuellement et les *corchos* volaient avec un murmure de voix joyeuses et d'eaux mélangées. Ici, pendant la moitié de la nuit, on pouvait écouter...

*Le délice d'un rire joyeux,*

*Le plaisir des réponses basses.*

Dans un tel environnement, presque celui d'un sybarite, qui peut me reprocher de m'être bercé en sécurité et de me dire que mes ennuis étaient presque terminés ? Qui peut s'émerveiller devant les *châteaux fr Espagne* que j'ai construit en me prélassant dans le *patio* et en aidant mes clients à consommer l'*aqua de soda média*, ou « soda fractionné », du pays ? Parfois nous allions jusqu'à l'Alcazar ; parfois nous nous promenions à l'Oxford ou riions joyeusement dans les étals de l'*Alegria*.

Telle était notre vie. Ainsi, dans le calme et la paix (car nous avions trouvé un *chuckerouto conservateur* de Birmingham), nos jours se sont déroulés de manière égale.

Quant à épouser Philippa, cela avait toujours été mon *intention*.

Qu'elle soit ou non Lady Errand ; qu'elle ait ou non précipité l'heure de son propre veuvage ne m'importait aucunement.

Un moment de précipitation malavisée avait été tout son crime.

Ce moment était passé. Philippa n'était pas à ce moment-là. Ce n'était pas moi qui me mariais à ce moment-là, mais Philippa.

Imaginez donc votre Basil nommant et insistant sur le jour, mais d'une manière ou d'une autre, le jour n'était pas encore arrivé. Mais il est enfin arrivé.

La difficulté surgit alors : sous quel nom Philippa allait-elle se marier ?

A vrai dire, je ne me souviens plus sous quel nom Philippa *s'est* mariée. C'était un point difficile. Si elle m'épousait sous son nom de jeune fille et si la lettre de Mme Thompson contenait la vérité, alors le mariage serait-il légal et contraignant ?

Si elle m'épousait sous le nom de Lady Errand, et si la lettre de Mme Thompson était fausse, alors le mariage serait-il parfait ?

À ma connaissance, il n'existe pas de monographie sur le sujet, ou alors il n'y en avait pas à l'époque.

Quoi qu'il en soit, nous étions mariés.

La moralité était désormais rétablie dans le show business, le drame légitime commençait à s'améliorer et les espoirs du Congrès des sciences sociales se réalisaient.

Mais de mauvais jours approchaient.

Un jour, Philippa et moi nous prélassions dans le *patio* , lorsque j'entendis les jeunes *hidalgos* — ou *Macheros* , comme on les appelle — parler en fumant leurs *cigaritos princiers* .

« Sir Runan Errand », dit l'un d'eux ; 'où il a disparu. Il était un méchant rare.

«Assassiné», répondit l'autre. "On n'a jamais rien trouvé de lui à part son chapeau."

'Quel rhum allez-y !' répondit l'autre.

J'ai regardé Philippa. Elle avait tout entendu. J'ai vu son front sombre se contracter d'angoisse. Elle se frappait furieusement la poitrine, c'était son habitude dans les moments d'agitation.

Ensuite, il me semble que je me souviens que moi et les deux *hidalgos* avons porté Philippa sur un canapé dans le *patio* , pendant que je souriais et souriais et parlais de la chaleur du temps !

Quand Philippa revint à elle, elle me regarda avec ses yeux merveilleux et dit :

'Basilic; dis-moi la vérité, honnête Indien ! Qu'avais-je fait cette nuit-là ?

# CHAPITRE X.
## Pas trop fou, mais juste assez fou.

### C'était fini ! Elle savait!

Que devais-je dire, comment échapper à ses contre-interrogatoires impulsifs ? Je me suis rabattu sur les évasions.

« Pourquoi est-ce que je veux savoir ? » répéta-t-elle, « parce que je le choisis ! Je le haissais. Il s'est promené, j'ai fait une promenade et j'avais pris quelque chose avant de me promener. Si nous nous rencontrions, j'allais forcément lui parler. Basil, l'ai-je rêvé ou l'ai-je lu il y a longtemps dans un vieux sou affreux du passé ?

Philippa entonnait parfois des vers blancs comme celui-ci, mais pas souvent.

« Chérie, ça devait être un rêve »

Dis-je, capturant cet espoir de l'apaiser.

'Non non!' Elle a crié; « non… pas de rêve. Plus maintenant, merci ! Je me vois maintenant debout au-dessus de cette masse blanche écrasée ! Basil, je n'ai jamais pu le supporter avec ce chapeau, et j'ai dû y aller !

J'ai consolé Philippa du mieux que j'ai pu, mais elle n'arrêtait pas de crier.

« *Comment* l'ai-je tué ?

«Dieu seul le sait, Philippa», répondis-je; mais vous aviez une clé en main, une clé de porte.

« Ah ! cette clé fatale ! dit-elle, c'est la cause de notre dernière querelle. Où est-il? Qu'en as-tu fait ? elle a crié.

«Je l'ai jeté», répondis-je. C'était vrai, mais je ne trouvais rien de mieux à dire.

« Vous l'avez jeté ! Ne saviez-vous pas que cela deviendrait une *pièce justificative* ? dit ma pauvre Philippa, qui n'avait pas inutilement lu Gaboriau.

J'ai passé la nuit à lutter avec Philippa. Elle me reprochait d'être revenue d'Espagne, «qui était tout à fait sûre, vous savez, c'est l'endroit où les citadins vont quand ils font irruption », remarqua-t-elle dans son style singulièrement idiomatique. Elle m'a reproché de ne pas lui avoir tout raconté auparavant, auquel cas elle n'aurait jamais consenti à retourner en Angleterre.

« Ils vont me juger, ils me pendront ! répéta-t-elle.

«Pas du tout», répondis-je. « Je peux prouver que vous étiez complètement fou lorsque vous l'avez fait pour lui.

« *Vous* le prouvez ! elle ricana ; *vous êtes* un joli avocat . Eh bien, ils n'accepteront pas le témoignage d'un mari pour ou contre sa femme dans une affaire pénale. Cela vient du fait que vous insistez pour m'épouser.

« Mais je doute que nous *soyons* mariés, Philippa, ma chère, car nous n'avons jamais pu nous rappeler si vous étiez mariée sous votre nom de jeune fille ou sous le nom de Philippa Errand. En plus… » J'allais dire que William, le marié blanc (feu le Sphynx), pouvait lui montrer qu'il était (comme il l'a dit un jour) « fou comme un huard », mais je m'en suis souvenu avec le temps. William était sans doute resté longtemps sans voix.

Le sherry a dû faire son œuvre fatale.

C'est le pire des crimes. Bien souvent, ils ne font rien, mais compliquent les choses.

Si je ne m'étais pas débarrassé de William, mais il était trop tard pour avoir des remords. Quant au témoignage de ses infirmières, j'ai tout *oublié* . J'ai essayé de consoler Philippa sur une autre ligne.

J'ai remarqué que si elle avait « opté pour » Sir Runan, elle ne l'avait que bien servi.

Ensuite, j'ai essayé de lui redonner le respect d'elle-même en citant la lettre de la femme barbue.

J'ai souligné qu'elle était Lady Errand, après tout.

Cela n'a apporté aucun réconfort à Philippa.

«Cela ne fait qu'empirer les choses», dit-elle. « Je pensais que je m'étais seulement débarrassé de mon traître ; et maintenant vous dites que j'ai tué mon mari. Vous, les hommes, n'avez aucun tact.

« D'ailleurs, reprit Philippa après avoir réfléchi, je ne me suis pas améliorée du tout. Si je n'étais pas allé le chercher , je serais Lady Errand, et sans fin, et maintenant je ne suis que Mme Basil South. En parlant ainsi, Philippa pleurait de nouveau et refusait d'être consolé.

Ses remarques n'étaient pas flatteuses pour mon estime de soi.

A ce moment-là, je ressentis, avec une amertume particulière, les vides dans la mémoire de Philippa. Rien n'est plus difficile que de rendre votre héroïne pas trop folle, mais juste assez folle.

Si Philippa avait été un peu plus saine d'esprit, ou moins sous l'influence du déjeuner, soit elle n'aurait jamais assassiné Sir Runan (ce qui aurait peut-être été la meilleure solution), soit elle aurait su *comment* elle l'avait assassiné.

L'absence totale d'informations à ce sujet ajoutait beaucoup à mes perplexités.

D'un autre côté, si Philippa avait été un peu plus en colère, ou *plutôt* sous l'influence du déjeuner, rien n'aurait jamais pu rappeler cet événement dans sa mémoire.

En l'état actuel des choses, ma pauvre épouse (si elle *était* ma femme, sujet sur lequel j'ai l'intention de soumettre une monographie à un juriste contemporain), ma pauvre épouse provoquait presque par ce qu'elle avait oublié et ce dont elle se souvenait.

Un jour que ma chère patiente se promenait dans le *patio* , elle m'a demandé si j'avais vu *tous* les papiers ?

J'ai dit que j'en avais vu la plupart.

"Eh bien, regardez-les *tous* , car qui sait combien d'entre eux pourraient être boycottés par le gouvernement actuel ? Dans une publication boycottée, vous ne le savez pas, mais vous risquez de manquer le récit de la façon dont un type a été pendu pour ce que j'ai fait. Je crois que deux personnes ne peuvent pas être exécutées pour le même crime. Maintenant, si quelqu'un se tourne vers Sir Runan, *je* suis en sécurité ; mais cela peut arriver, et on ne le sait jamais.

Chère Philippa, toujours attentionnée pour les autres ! J'ai promis de lire chacun des journaux, et j'ai été bientôt récompensé pour l'ennui sans précédent de ces études.

# CHAPITRE XI.
## Une terrible tentation.

Je DÉTESTE regarder en arrière et lire les mots que j'ai écrits alors que le diable de l'imprimeur attendait une copie dans le hall, mais je crois avoir appelé quelque part ce conte une confession ; sinon, j'avais l'intention de le faire. Elle n'a pas plus le droit d'être qualifiée d'œuvre d'art que le moindre centime épouvantable. Comment est-ce possible ?

Il ne contient que deux personnages, un homme et une femme.

Tout le reste n'est que de simples supers. Peut-être vous étonnerez-vous que j'anticipe ainsi les critiques ; mais rédiger une critique est si facile que je peux aussi bien m'en servir qu'avec n'importe quel autre type de remplissage.

Mon éditeur insiste sur tant de pages de copie. Lorsqu'il n'obtient pas ce qu'il veut, le langage suffisamment riche et puissant pour répondre à ses besoins reste à inventer.

Mais il continue de lutter avec l'aide d'un dictionnaire de jurons américains.

Cependant, nous arrivons à la conclusion, et cela, je pense, va réveiller le public ! Et pourtant, ce chapitre sera court. Ce sera le bilan d'une lutte contre la tentation de commettre, non peut-être un crime, mais un acte du plus mauvais goût.

À cette tentation, j'ai succombé ; nous avons tous deux succombé.

C'est une tentation à laquelle j'ose penser que la pauvre nature humaine a rarement été soumise.

La tentation d'aller voir un homme, un semblable, jugé pour un crime que sa femme a commis et dont on est complice après coup.

Ah, ce matin-là !

Comme je m'en souviens bien.

Le petit déjeuner était juste là , la table avec ses reliques de ballonnements parfumés et *sa terrine* de *pâté* se dressait encore dans le *patio* .

J'étais seul. Je flânais paresseusement et à mon aise.

*havane* princière , me reprochant d'avoir profané l'air parfumé du *Cuadro de Leicester* .

Vous voyez, j'ai une conscience esthétique tellement sensible.

Puis j'ai sorti de ma poche le *Sporting Times* et je me suis mis nonchalamment au travail pour parcourir ses longues colonnes.

Cela était dû à mon vœu envers Philippa de lire tous les journaux publiés en Angleterre. Au fil de la journée, je m'asseyais souvent avec eux jusqu'aux épaules, et je jonchais toute la *terrasse* .

J'ai parcouru les sujets du jour. Cette scène est d'ailleurs une « sous-étude » de l'autre scène dans laquelle j'ai lu la découverte du chapeau de Sir Runan. Finalement , j'ai tourné mon attention vers la chronique des nouvelles provinciales. Un nom, un nom familier, attira mon attention ; le nom de celui qui, j'avais tendrement imaginé, était resté longtemps sans sépulture dans ma cave au brochet. Ma *havane princière* tomba sans réponse sur le pavé de marbre du *patio* , tandis que, avec un étonnement indescriptible, je lisais le « par » suivant.

« William Evans, l'homme accusé du meurtre de Sir Runan Errand, sera jugé aux assises de Newnham le 20. L'affaire, qui suscite un intérêt considérable parmi les *élites* de Boding et du district, sera portée sur le *tapis* le premier jour de la réunion. Les preuves seront de nature purement circonstancielle.

Chaque mot de ce « par » était stupéfiant. J'étais assis comme abasourdi, hébété, stupide, immobile, l'œil fixé sur le drap.

L'homme a-t-il déjà été dans une telle situation auparavant ?

Votre femme commet un meurtre.

Vous devenez complice après coup.

Vous prenez des mesures pour détruire l'une des deux personnes qui soupçonnent la vérité.

Et puis vous découvrez que l'homme sur lequel vous avez commis le meurtre est accusé du meurtre que vous et votre femme avez commis.

Le son de la voix de ma mère qui grondait Philippa me sortit de ma stupeur. Ils arrivaient.

Je ne pouvais pas leur faire face.

J'ai doublé le journal, je l'ai mis dans ma poche et je suis sorti rapidement du *patio* .

Où suis-je allé? Je m'en souviens à peine. Je pense que ce devait être dans l'un des jardins publics ou dans des pubs, je ne sais pas lesquels. Tout sentiment d'appartenance à la localité m'a quitté. Je trouvai enfin un endroit isolé, et là je me jetai à terre, enfonçai mes ongles dans la terre sèche et m'y tins avec toute la ténacité du désespoir. Dans le tourbillon sauvage de mon cerveau , j'avais peur d'être projeté dans l'espace infini. Cette sensation s'est dissipée. Au début, je pensais que j'étais devenu fou. Ensuite, j'ai eu la certitude que ce devaient être les autres qui étaient devenus fous.

J'avais tué William Evans.

Ma femme avait tué Runan Errand.

Comment, alors, Runan Errand aurait-il pu être tué par William Evans ?

« Ce qui est absurde », me suis-je surpris à dire, dans la langue d'Euclide, le grand vieux grec.

Justice humaine ! Qu'est-ce que la justice ? Voyez comme cela peut se tromper ! Y a-t-il jamais eu une erreur aussi illimitée et sans limites dans toutes les annales de la fiction à un sou ? Probablement pas. Je ne me souviens de rien de pareil dans toutes les pages savantes du *London Journal* et du *Family Herald* . Mme Henry Wood et Miss Braddon n'avaient jamais rêvé d'une chose pareille. *Il faut le dire* à Philippa . C'était une trop bonne blague. Rirait-elle ? Serait-elle alarmée ?

Imaginez-moi allongé sur le sol, avec l'intelligence fraîche dans mon esprit.

Dans l'ensemble, j'avais confiance dans le sens de l' humour de Philippa .

Puis la tentation est apparue.

Confiez cet homme (William Evans, feu le Sphynx) à l'éventail tant vanté de la justice !

Laissez-le courir pour son argent.

Non, plus.

Descendez et voyez le plaisir !

Pourquoi hésiter ? Vous ne pouvez pas être impliqué dans cet acte. Vous bénéficierez d'une position presque unique dans l'histoire de l'humanité. Vous verrez l'homme dont vous pensiez être coupable du meurtre, jugé pour le délit dont vous savez qu'il a été commis par votre femme.

Tout péché n'est pas facile. Mon sens de l'honneur s'est élevé contre cette tentation. J'ai eu du mal, mais j'ai été maîtrisé. J'irais voir le procès . *Je suis rentré* chez moi et j'ai abordé le sujet avec Philippa. La courageuse fille n'a jamais pâli. Elle n'avait aucune hésitation, aucun scrupule à vaincre.

'Oh! Basil, s'exclama-t-elle avec des yeux pétillants, wot larx ! Quand est-ce qu'on commence?'

Le lecteur conviendra que je ne me suis fait aucune injustice en disant, au début de ce récit, que je m'étais vautré dans le crime.

# CHAPITRE XII.
## Juge Juggins .

Nous sommes descendus à Newnham, où ont eu lieu les « Tailles », le matin du 20 septembre. Là, nous découvrîmes que nous avions une heure ou deux pour nous rafraîchir, et je peux dire que Philippa et moi employâmes ce temps au mieux. À l'hôtel, j'ai essayé d'obtenir le dossier du *Times* . Je voulais regarder en arrière et voir si je pouvais trouver le récit de la procédure judiciaire contre le vraiment malchanceux William Evans.

Après tout, devrais-je le qualifier de malchanceux ? Il avait échappé au piège que je lui avais tendu, et peut-être (de telles choses ont été) que même un jury de Newnham pourrait le déclarer non coupable.

Mais le dossier du *Times* n'était pas disponible.

Je l'ai demandé au serveur teutonique aux yeux endormis. Il répondit simplement, avec le sourire stupide et condescendant du *Kellner allemand* :

'Vous voulez ?'

« Je veux le dossier du Times !

« J'ai le tire-bouchon du bon propriétaire ; mais je ne l'ai pas le dossier du *Times* . Avez-vous vos bottes, votre sauce de poisson, votre étrille ? il continua. Puis, tombant dans des ragots locaux hors ·de propos, « la petite-fille du forgeron a l'épuisette du mauvais tailleur ».

«Je veux ma facture, ma note, mon *addition* , ma *consommation* », répondis-je avec colère.

« Très bon lit, très bon cheval de poste », répondit-il au hasard, et je quittai le County Hotel sans pouvoir savoir pourquoi les soupçons s'étaient portés sur « William Evans ».

Nous avons hélé l'un des taxis qui se trouvaient devant la porte de l'hôtel, lorsqu'une main lourde s'est posée sur mon épaule et qu'une voix, étrange mais pas inconnue, s'est exclamée : « Docteur. Dans le Sud, comme je suis baronnet...

Je me suis retourné brusquement et je me suis retrouvé face à face avec

Course de Sir Runan !

Mon cerveau a recommencé à chanceler. Voilà la vraie victime et les véritables auteurs d'un meurtre venus assister au procès de celui qui était accusé de l'avoir commis !

Même si je tremblais comme une feuille de tremble ? Je me suis souvenu que nous vivions à une époque de « télépathie » et de recherche psychique.

Sir Runan était sans aucun doute ce que MM. Myers et Gurney appellent une *apparition visible* par opposition à l' *apparition invisible commune* .

Si un vrai juge avoue, comme Sir E. Hornby, avoir vu un fantôme, pourquoi ne serait-il pas un simple complice après coup ?

Retrouvant ma présence d'esprit, j'ai demandé : « Qu'est-ce qui vous amène ici ?

"Oh, pour voir le plaisir", répondit-il. « Un homme jugé pour m'avoir tué. L'intérêt morbide suscité ici est très grand. Je doute que vous ayez des sièges à l'avant.

« Tu ne peux pas gérer ça pour moi ? » Ai-je demandé d'un ton suppliant.

'J'ose dire que je peux. Tiens, prends ma carte, et mentionne simplement mon nom, et on te laissera entrer. À propos, le dossier de l'accusation est *très* faible.

Ici, l'apparition, me tendant une carte, hocha la tête et disparut dans la foule.

Je suis retourné à Philippa, où je l'avais laissée dans le quatre-roues. Nous sommes partis et nous nous sommes retrouvés devant une porte à double battant (oui, aussi inquiétant que cela puisse paraître, *battante* ) porte en chêne massif, sur laquelle était écrit en vieilles lettres anglaises :

COUR CRIMINELLE.

Je n'ai pas besoin de décrire l'aspect du tribunal. La plupart de mes lecteurs se sont probablement retrouvés à un moment de leur vie dans un tel endroit.

Fidèle à la minute près, le juge en robe rouge apparaît. Il s'agit de Sir Joshua Juggins , bien connu pour sa sévérité sous le nom de « Gibbeting Juggins ».

Ah, il y a peu d'espoir pour William Evans.

J'ai appris d'un voisin au tribunal que les preuves contre Evans sont purement circonstancielles. Il a été retrouvé en possession d'une clé particulière, qui aurait appartenu à Sir Runan.

Eh bien, qu'ils qualifient les arguments de l'accusation de faibles.

Guillaume a dû trouver cette clé fatale que Philippa a prise à l'homme tué.

C'est sur cet accident que repose toute la présomption de sa culpabilité.

Le Grand Jury (messieurs de la campagne, tous idiots !) trouve un « vrai projet de loi ».

Le greffier lit l'acte d'accusation selon lequel "lui, William Evans, a commis de manière criminelle, volontaire et préméditée, tué et assassiné Sir Runan Errand, baronnet".

Au fil de la lecture, Philippa est étrangement émue.

« Basil, murmura-t-elle, ne vois-tu pas l'occasion splendide et inégalée d'avoir une publicité ! Je vais me lever, faire un discours et dire que *je* l'ai fait. Bien sûr, ils ne peuvent pas le prouver, mais cela fera parler tout le monde et rapportera des centaines de livres sterling dans la maison chaque nuit.

Je remarquai maintenant que Philippa avait à moitié enlevé son manteau et son bonnet. Sous ces couvertures, elle portait une perruque et une robe, comme Mme Weldon sur les photographies.

« Pour l'amour de Dieu, Philippa, *ne le fais pas !*' J'ai chuchoté.

Le greffier se tourna vers William Evans, le prisonnier du barreau.

« Êtes-vous coupable ou non coupable ?

Dans le silence, on aurait pu entendre tomber la cendre d'une cigarette si quelqu'un avait fumé.

Le long silence fut rompu, mais pas par le prisonnier.

Par Philippa !

S'élevant de toute sa taille majestueuse, avec ses robes fluides autour d'elle, elle se tenait à distance. Puis sa voix claire et grave retentit :—

« Monseigneur, c'est moi qui l'ai fait !

« Ordre au tribunal ! ordre au tribunal ! crièrent les huissiers.

« Je t'engage ! Je t'engage !' tonna Lord Justice Juggins . 'Emmène la. Cinq ans et de durs travaux .

Luttant violemment, Philippa a été entraînée par les sbires de la loi.

Je remarque qu'un visiteur se retourne et regarde l'agitation.

C'est Mme Thompson, la femme barbue.

A peine le silence est-il rétabli, qu'il est de nouveau rompu.

Une forme virile se lève. Une voix grave s'écrie :

« Monseigneur, le prisonnier est innocent. *Je* suis la personne qu'il aurait assassinée.

La forme, la voix, c'est Sir Runan Errand !

J'entends encore une fois les accents aigus du juge Juggins .

« Cette cour est-elle un jardin d'ours ou la Chambre des communes ? Sortez cet homme. Donnez-lui cinq ans et deux douzaines de coups de fouet.

A peine la cour avait-elle repris son aspect habituel des affaires, à peine avait-on demandé de nouveau au prisonnier de plaider, qu'une voix aiguë brisa le silence.

« Monseigneur, la clé trouvée en possession du prisonnier est ma clé de cave.

Cette fois, l'intervenante audacieuse fut Mme Thompson, la femme barbue.

«Cinq ans comme d'habitude, et de durs travaux », dit Sir Joshua Juggins avec lassitude. Il était fatigué de sa tâche. « S'il vous plaît, monseigneur, cela ne me prévient pas », murmura un prisonnier au bar.

« Qui *vous a demandé* de parler ? Est-ce la façon de plaider ? claqua le juge. "Donnez-lui également cinq ans pour outrage au tribunal."

William Evans a été exécuté dans un état d'hystérie.

L'intrigue, le mystère s'étaient épaissis.

Je sentais maintenant qu'il n'y avait qu'une seule façon de percer le secret du crime. Je dois aussi m'engager ! Je pourrais alors rejoindre les autres acteurs de cet étrange drame et connaître leurs motivations et les faits réels de l'affaire.

En un instant, ma résolution fut prise.

Me levant d'un bond, je m'écriai d' une voix de clairon : -

« Monseigneur, je suis un complice après coup. »

Sir Joshua Juggins poussa un cri de désespoir. Puis, se maîtrisant, il murmura :

« Emmenez cet idiot et condamnez-le aux travaux forcés à vie.

Alors que je quittais le tribunal enchaîné, j'ai entendu l'appel de l'affaire suivante.

# CHAPITRE XIII.
## Éclairci. (Extrait de la « Gazette du parc vert ».)

L'intérêt public légitime dans le mystère Nownham nous a suggéré l'opportunité d'envoyer l'un de nos jeunes hommes pour interroger toutes les parties. Après avoir rendu visite au roi Maori , à Mme Weldon, à plusieurs annonceurs éminents et à l'équipage de la *Mignonette* , il sentit que sa tâche actuelle était légère. Il devait voir le meurtrier, William Evans ; la meurtrière, Mme South ou Lady Errand ; le complice après coup, Dr South ; la victime, Sir Runan Errand ; et Mme Thompson, la propriétaire de la clé sur laquelle reposaient les arguments de l'accusation.

Ses aventures dans les différents asiles où sont libérés ces malheureux ont peu d'intérêt public. Nous imprimons les Confessions telles que notre jeune homme les a sténographiées sur les lèvres des malades.

*La confession de* Sir Runan Errand.

« Je n'ai pas besoin de vous dire que je n'ai jamais été le mari de la femme Phllippa . Elle n'avait aucun rapport avec moi, sauf comme l'une des personnes de la *troupe* que j'avais la folie de diriger. Au lieu de lui rendre visite en janvier dernier pour régler ses réclamations pécuniaires contre moi, j'ai envoyé mon valet de chambre. Il semble que l'homme portait un de mes vieux chapeaux, qu'il a perdu dans la tempête. Ce n'était pas le seul bien m'appartenant qu'il ait emporté. Depuis, j'ai reçu de lui une lettre de pénitence. Il se porte bien aux États-Unis et a été élu à l'Assemblée législative. J'ai renoncé à me lancer dans le monde du spectacle et je tiens simplement un théâtre privé à une telle distance des demeures humaines que personne ne puisse s'en plaindre comme d'une nuisance. Depuis la disparition de mon voiturier, je voyage sur mon propre yacht. Je suis arrivé en Angleterre la veille du procès. 'Non. Je n'ai jamais lu les journaux. Dieu merci, je ne suis pas un rat de bibliothèque.

*La Confession de* Philippa South, *se faisant appeler* Lady Errand.

« Je vous le répète, comme je vous l'ai déjà dit, je ne sais rien de ce que j'ai fait cette nuit-là. Retournez chez vos employeurs.

Rien de plus convenable à nos colonnes ne pouvait être extrait de cette dame.

*La confession de* Mme Thompson.

« J'ai perdu ma clé de cave la nuit où Philippa a quitté mon toit. Je le reconnais maintenant comme la clé en possession de William Evans. Comment il l'a obtenu, je n'en ai aucune idée.

*La confession de* Basil South, MD

« Je commence enfin à tout comprendre. La clé que j'avais prise à Philippa la nuit de la tempête et du meurtre présumé n'avait pas été prise par elle à Sir Runan.

«Elle l'avait apporté avec elle de la maison de Mme Thompson, avec qui elle résidait.

« Lorsque j'ai jeté une clé que je croyais être celle que j'avais prise à Philippa, j'ai commis une erreur.

«J'ai jeté ma propre clé. Quand je pensais donner à William Evans la clé de ma cave (avec des intentions et des desseins fatals, en espérant qu'il ne survivrait jamais au contenu de cette cave), je lui ai en réalité donné la clé que j'avais prise à Philippa.

" Par conséquent, la clé ne rentrerait pas dans la serrure de la cave.

" Par conséquent, William Evans n'a jamais goûté le fluide mortel et a ainsi échappé à sa perte.

"Je n'ai rien à ajouter à cette confession, sinon que je suis profondément pénitent et que je n'offrirai plus jamais à un public irréfléchi un Noël annuel aussi absurde, morbide et incohérent."

Cette dernière déclaration rendait inutile l'interview de William Evans.

Toutes les autres personnes impliquées dans cette lugubre affaire sont détenues au grand dam de Sa Majesté.